SUR

LE PROJET

D'UNE

VILLE SAVANTE

DANS LE BRANDEBOURG

PRÉSENTÉ

À FRÉDERIC GUILLAUME LE GRAND.

PAR

MONSIEUR ERMAN

HISTORIOGRAPHE DE BRANDEBOURG ET MEMBRE DE L'ACADÉMIE ROYALE DES SCIENCES ET BELLES LETTRES.

A BERLIN, 1792.

CHEZ FRANÇOIS DE LAGARDE, LIBRAIRE.

AU ROI.

SIRE!

En renouvellant en ma faveur le titre honorable d'Historiographe de Brandebourg, que le grand Electeur et Fréderic premier accordèrent successivement à quelques hommes de Lettres du Refuge, qui s'occupoient de l'Histoire de leur nouvelle patrie, VOTRE MAJESTÉ m'a fait un devoir de ce qui n'étoit pour moi que penchant.

Avant les époques brillantes, où la Prusse et ses souverains ont fixé les regards et l'admiration de l'Europe étonnée, l'histoire de la patrie et des Princes qui en ont fait le bonheur offre un grand nombre d'objets intéressans, trop peu connus des nations étrangères, et qui méritent qu'on les tire d'une injuste obscurité.

*Je fus témoin il y a quelques années de l'enthousiasme qu'inspirèrent à deux savans étrangers, *)*

*) *l'Abbé Raynal et le Comte de Mirabeau.*

pour qui ils étoient entièrement nouveaux, les détails de la vie et de l'administration du grand Electeur que j'ai eu occasion de faire entrer dans les Mémoires du Refuge, et qui ont influé sur la manière dont ils ont parlé de ce grand Prince dans les écrits que l'un d'eux à publiés depuis, et où il a fait usage de mon travail. C'est à la gloire de cet immortel fondateur de la puissance et de la grandeur de sa nation que je consacre le morceau historique que je mets aux pieds de VOTRE MAJESTÉ comme un foible tribut de la vive reconnoissance que je dois à ses bontés pour moi et pour mes enfans.

Je suis avec un profond respect

SIRE

DE VOTRE MAJESTÉ

le très humble, très obeissant et très soumis serviteur et sujet

Erman.

Berlin, ce 30. Juin 1792.

PREMIER MÉMOIRE

LU DANS

L'ASSEMBLÉE PUBLIQUE

DU 29 JANVIER 1789.

A l'occasion d'un Mémoire lu l'année passée dans une de nos assemblées ordinaires, par notre savant confrère Monsieur l'Abbé *Denina*, l'illustre Curateur de cette Académie fit mention d'un de ces faits de notre histoire que son zèle pour la gloire de la Nation a fait sortir de l'obscurité où les historiens l'avoient laissé. Je crois d'autant plus pouvoir en entretenir cette assemblée respectable, qu'il a un rapport particulier avec le double objet de cette solemnité, que l'Académie consacre à rappeller également, et l'époque de son renouvellement, et le souvenir du grand homme dont pendant près d'un demi siécle elle célébroit à pareil jour la naissance.

Il est question d'un projet vaste, singulier, peut-être unique dans l'histoire des lettres, et qui annonce dans le héros qui posa les fondemens de la gloire et de la prospérité de cet Etat, ce même soin d'éclairer sa nation et d'y faire fleurir les sciences et les arts, que FREDERIC LE GRAND a si glorieusement combiné avec les qualités militaires et politiques qui l'ont placé dans nos fastes à coté de son immortel bisayeul.

En rendant à l'historien de Fréderic Guillaume le Grand, si digne d'être compté parmi les meilleurs écrivains de ce genre, toute la justice qu'il mérite, on peut regretter cependant qu' avec le tableau fidelle qu'il a tracé des négociations et des exploits militaires de son héros, il n'ait pas, avec cette exactitude judicieuse qui le caractérisoit, conservé à la postérité les détails infiniment intéressans de l'administration intérieure, du caractère et de la vie privée d'un prince, aussi grand et aussi admirable sous ces points de vue que dans le rôle éclattant qu'il a soutenu aux yeux de l'Europe étonnée.

Monsieur le Comte de *Hertzberg*, soit par ses doctes travaux, soit par la facilité si digne d'être imitée, qu'il a accordée à plusieurs savans de fouiller dans les archives de l'état, a fourni plus d'un supplément à l'ouvrage de *Pufendorff*. Il seroit à souhaiter que ces matériaux encor épars, combinés avec *Pufendorff*, et avec l'admirable esquisse du Règne de Fréderic Guillaume le Grand, tracée de main de maître, trouvâssent une plume assés habile pour les mettre en oeuvre, et pour donner à la Nation l'histoire complette et intéressante d'un Règne à tous egards si mémorable.

En attendant l'accomplissement de ce voeu patriotique, nous ne pouvons que desirer que l'on recueille toujours plus tout ce qui peut servir à le procurer, et c'est dans cet esprit que je me suis occupé du fait dont il s'agit dans ce Mémoire, et dont le développement peut répandre du jour sur l'histoire littéraire du pays sous le Règne de l'immortel Electeur.

Né avec un génie supérieur, avec une ame élevée et active, Fréderic Guillaume n'eut besoin pour aimer les sciences et les lettres que de l'impulsion même la plus légère: elle n'avoit pas manqué à sa première éducation. Dans le tems même où la nuit épaisse de la barbarie couvroit encor la pluspart des contrées de l'Europe et de l'Allemagne, les Princes de la maison de Hohenzoller, dont il étoit issu, s'etoient distingué parmi les Princes leurs contemporains par l'étendue de leurs connoissances et par leur goût pour les lettres. On a souvent cité l'éloge qu'a fait *Aeneas Sylvius* des deux premiers Electeurs de cette Maison, Frédéric I. et Fréderic II. qui parurent l'un et l'autre avec tant d'éclat dans les Conciles de Constance et de Basle. Leurs successeurs marchèrent sur leurs traces et saisirent, avec l'ardeur du génie et la sagesse d'une saine politique, les premières lueurs que la renaissance des lettres répandit en Allemagne, surtout à l'époque de la Réformation. On est étonné du contraste singulier que présente, dans l'excellent morceau d'histoire littéraire de la Marche que nous devons à notre digne confrère Monsieur *Mochsen*, d'un côté la grossièreté et la barbarie de la nation, et de l'autre les goûts de science et de litterature des souverains. Peut-être que Joachim I, qu'un juge bien compétent appelle le Leon X du Brandebourg, étoit l'homme le plus éclairé de ses états. *Il possédoit les Mathématiques, l'Astronomie, l'histoire; il parloit avec facilité le François, l'Italien et le Latin: il aimoit les Belles Lettres, et fit des dépenses considérables pour animer ceux qui s'y appliquoient.*

Ce qui ne put que contribuer beaucoup à conserver dans ces premier souverains du Brandebourg un penchant, en quelque sorte héréditaire, ce fut la sagesse des mesures qu'ils prirent, comme l'un à l'envi de l'autre, pour le perpétuer par les premières et puissantes impressions d'une éducation particulièrement dirigée vers cet objet. En même tems qu'ils choisissoient pour l'instruction des Princes de leur maison des hommes d'un savoir consommé, et qui, dans le commerce des nations les plus éclairées, avoient étendu leurs lumieres et perfectionné leurs talens, ils cherchoient encor par des précautions singulières, et presque toujours en éloignant de la cour et les éléves et les maitres, à faciliter et à assurer le succés de leurs travaux.

Cette double règle avoit été observée dans l'éducation de Fréderic Guillaume. A l'âge de sept ans il fut envoyé à Custrin, et mis sous la direction de deux hommes distingués par leur mérite et leur savoir, *Gerard Romilien Kalchun* dit *Leuchtmar*, et le Sécretaire privé *Müller*. Fréderic Guillaume passa quelques années, en partie dans cette retraite, et en partie à Stettin, sous la même direction, jusqu'à ce qu'en 1634 il fut, dans sa quinzième année, envoyé en Hollande, où il demeura jusqu'en 1638.

Ce fut là que ce jeune Héros trouva, tout ce qui pouvoit favoriser le développement des grandes qualités qui devoient le rendre l'admiration de son siècle. Dans ces camps, où le génie et la valeur des Princes d'Orange attiroit l'élite des jeunes Princes et des jeunes guerriers de l'Europe, avec les *Turennes*, les *Bouillons*, les *la Trémoille*,

Fréderic Guillaume fit l'apprentissage d'un art où il devoit bientôt se placer à coté des plus grands maîtres.

Il ne négligea pas en même-tems les facilités d'étendre ses connoissances qui s'offroient à lui au sein d'une République, où l'énergie que donnoit aux esprits l'effort qui venoit de les affranchir, ainsi que l'influence de l'ancienne industrie des Flamands, et l'opulence fruit du commerce le plus étendu avoit encouragé la culture des sciences et des arts, et ouvert ces écoles illustres, qui jusqu'à notre tems ont soutenu la réputation dont elles jouirent dès leur naissance. Dans les Académies de Leyde et d'Utrecht Fréderic Guillaume contracta avec les sciences et les savans des relations qui ne furent pas moins utiles à ses peuples que sa supériorite dans l'art de les défendre et de combattre leurs ennemis.

Le témoignage unanime de tous les historiens place Fréderic Guillaume parmi les souverains les plus éclairés de son siècle. „Il avoit, suivant „*Pufendorff*, appris par goût la langue Latine; il „parloit le Francois et le Hollandois; il savoit très „bien l'histoire moderne et possédoit l'architecture „civile et militaire; il se connoissoit en livres, en „médailles, en tableaux: se rapprochant par son „affabilité des personnes de tout rang, il devoit à

„leur commerce une grande variété de connoissances et savoit tirer parti des lumières de tous „ceux qu'il appelloit en sa présence et se mettre „à leur portée. Son estime ne se bornoit pas au „militaire; toute espèce de talent de quelque genre „qu'il fut y avoit des droits. *)

Le Comte de *Guiche*, qui vit l'Electeur à Clèves, rend le même témoignage à ses lumières — „Je m'en allai vers l'Electeur à Clèves: bien que „je ne lui fusse connu que de nom, il me receut „avec la civilité extérieure que les Allemands pratiquent avec beaucoup de soin — „Il parle volontiers de ses affaires et de celles des étrangers, „est libre et sociable, raconte avec plaisir ses „guerres et celles dont il a oui parler, et paroit „fort attaché aux choses de mathématiques, principalement à la partie qui regarde les méchaniques où les Allemands excellent.

Le célèbre Gilbert *Burnet*, qui, dans la grande affaire de la révolution d'Angleterre, à laquelle il eut tant de part, fut deux fois envoyé à Clèves, où l'Electeur l'entretint familièrement, parle de lui dans le même esprit et lui attribue une mémoire. merveilleuse, à laquelle rien n'échappoit même, des plus petites choses.

*) Pufendorff lib. XIX. 103.

La tradition la plus sûre, ainsi que les mémoires imprimés ou manuscripts qui se sont conservés des premiers tems du refuge, et que nous avons compulsés pour en composer l'histoire, attestent unanimement l'impression singulière que fit l'Electeur, par ses connoissances et par l'étendue de son esprit, sur des personnes qui en France, et dans le beau siècle de Louis XIV avoient tenu, par leur naissance et par la culture de leur esprit, le rang, le plus distingué.

Fréderic Guillaume put donc être par goût ce qu'il eut été par état, et d'après ces grandes règles de saine politique et d'amour pour les peuples, qui associeront toujours une protection éclairée accordée aux sciences et aux arts, aux moyens les plus efficaces de faire fleurir les empires et de rendre les nations heureuses. En recueillant tout ce qui nous est parvenu de cette partie du gouvernement de l'Electeur, on a de la peine à concevoir que dans un tems où, par les malheurs de la guerre de trente ans, toutes les branches de la prospérité publique avoient un besoin égal d'être ranimées, et où les mêmes causes qui rendoient les plus grandes ressources nécessaires les avoient épuisées, Fréderic Guillaume, presque toujours absent de ses états, engagé dans des guerres continuelles, et tiré du cercle de ses affaires intérieures par des négociations avec toutes les cours de l'Europe, ait pu donner à cet objet l'attention et la vie qu'il fut y porter. Relevet dans toutes ses provinces les écoles et les collèges illustres, que les ravages de la guerre de trente ans avoient comme anéantis, et en augmenter partout le nombre; doter plus richement et pourvoir de professeurs habiles et célèbres les universités de Francfort sur l'Oder et de Coenigsberg; fonder celle de Duysbourg, projetter celle de Halle; former dans sa capitale une bibliothèque, qui, par les richesses littéraires qu'il y réunit, ne le céda dés son origine à aucune des plus célèbres de l'Allemagne; offrir aux arts, dans l'architecture et dans la décoration de ses palais et de ses chateaux, des modèles et des occasions de se perfectionner; encourager et récompenser toutes les sortes de talens, c'est ce qu'on ne vit pas simplement dans les dernières années d'un règne dont la gloire alla toujours en croissant, mais presque dés les premiers momens où le puissant génie de Fréderic Guillaume commença véritablement à tirer l'état de ses ruines. C'étoit en 1672, et lorsque l'Electeur étoit occupé de la grande affaire de l'invasion de la Hollande, que le célèbre *Charles Patin*, exilé de son pays, et parcourant les principales cours de l'Europe et de l'Allemagne, vint à Berlin. Ce qu'il dit de cette ville et de ce que l'Electeur faiſoit pour les lettres mérite d'être transcrit.

„Je fus tout à fait remis de mes fatigues dés „que j'eus vu Berlin. Tout m'y parut si beau que „je me figurois dans le ciel une ouverture d'où le „soleil faisoit sentir ses faveurs à ce territoire. Ce „ne sont plus ces solitudes que je venois de par„courir. La ville eſt compoſée de trois autres dont „les bâtimens ſont très réguliers et la pluspart à „l'Italienne. La forêt qui n'en est qu'à 500 pas „sert aux délices du Prince qui y entretient des bêtes „fauves — Les jardins y sont remplis de citron„niers, d'orangers, de jasmins, de toutes les espé„ces de fleurs, et en un mot de toutes les délices, qui „ont acquis à l'Italie le titre de reine des nations, „pour le bonheur de son climat et de sa fertilité. „Le chateau, où réside son Altesse Electorale, est „fort ancien: son architecture n'inspire rien que „de grand; ce qu'il y a de plus commode est de „bâtiment moderne. La bibliothèque y est si „magnifiquement logée qne je n'en sais point qui le „soit mieux. Elle le mérite bien, car c'est une des „plus belles de la terre, ou pour le nombre des „livres, ou pour leur choix. Le cabinet des mé„dailles qui l'accompagne mérite la visite et l'atten„tion de tous ceux qui en ont la curiosité. Son „Altesse Electorale qui se donne toute entière aux

„soins du gouvernement, n'a pas laissé de donner „encore du tems à cet établissement. J'ai des „mémoires de ce qui eſt précieux, et par bonheur „mon mémoire est très long. J'y ai travaillé à „deux reprises, cinq à six heures chaque fois, et „quand je n'aurois remporté que la dixième par-„tie de ce qui ſe trouve ici j'aurois crû mon „voyage bien employé. Le Prince est autant cu-„rieux de ces choses qu'on peut l'être: c'est une „suite de la connoissance qu'il a des belles choses „et de la grandeur de son génie. C'est un prince „d'un génie admirable; je n'ai jamais vu personne „qui ne l'aimât. — Il eut la bonté de me dire qu'il „vouloit entretenir correspondance avec moi. — „Les deux jeunes Princes (les fils ainès de l'Elec-„teur, Charles Emile et Fréderic) seront quelque „jour de grands curieux. On les forme sur le „héros qu'ils voyent tous les jours: Son Altesse „Electorale leur eſt un modéle familier, dont ils „ne peuvent tirer que de trés grandes idées. Ils „savent déja les langues et sont fort adroits dans „tous leurs exercices; ils ne sont pas moins in-„struits dans tout ce qui peut cultiver leurs es-„prits. Leurs chambres sont moins garnies que „chargées de livres, de cartes géographiques, de „tables chronologiques, de sphères et de médailles. „Monsieur le Baron de *Schwerin* premier ministre

„d'état et grand patron des Muses leur a inspiré „ces beaux sentimens et a rendu un grand servi- „ce à son Altesse Electorale, d'avoir si bien tour- „né l'esprit de ces deux jeunes Princes. (*)

Deux causes contribuoient surtout à donner à cette partie de l'administration cet éclat qu'on sembloit ne pouvoir attendre des circonstances.

Fréderic Guillaume possédoit au plus haut point le talent, si décisif pour la gloire des états et pour le bonheur des peuples, de bien connoitre et de bien choisir ses ministres. Obligé par les grandes affaires et les guerres continelles, qui l'arrachoient à ses états et aux soins intérieurs du gouvernement, de se remettre sur d'autres des détails, il montra toujours un discernement exquis dans ses choix. Ce trait auroit pu entrer encor dans le parallèle intéressant que l'auteur des Mémoires de Brandebourg a fait du Grand Electeur avec Louis XIV, qui, bien plus que l'Electeur, dut à ce talent la gloire de son règne. Du moins est il sûr que les ministres, qui furent sous Fréderic Guillaume les organes et les dépositaires de l'autorité, les *Dohna*, les *Meiners*, les *Schwerin*, les *Spanheim*, les *Grumkow*, étoient des hommes,

*) Patin Relation historique de son voyage éd. de Lyon p. 20.

qui, formés dès leurs premières années aux grandes affaires, cultivés par l'étude des sciences, polis et éclairés par des voyages et même par d'assés longs séjours chez les nations les plus éclairées, étoient capables, par la fupériorité de leurs connoissances et par leur goût pour les lettres, de concourir avec le Prince à l'exécution du grand projet d'éclairer sa nation.

Mais ce qui eut plus d'influence encor sur les succès étonnans du Grand Electeur en ce point, ce fut le principe qu'il adopta et suivit constamment, de travailler à exciter l'industrie de sa nation, en attirant dans son sein et en y rendant active en tout genre l'industrie étrangère. Si les nations même les plus avancées pour la culture perdent toujours à s'isoler, si dans le moral comme dans le physique la fermentation, qui produit la fécondité, ne peut naître que du mélange et du conflit d'élémens et de parties hétérogènes, si selon le mot très profond de Bacon il faut être Dieu ou bête pour s'isoler et vivre seul, c'est surtout à la nation encor inculte et grossière, au sauvageon, peut être vigoureux, mais dont les fruits font âpres et fans goût qu'il faut l'insertion des greffes étrangères.

Fréderic Guillaume connut à cet égard les besoins de son peuple. Avant même qu'un évènement, peut être aussi singulier que le régne même de ce Prince, jettât entre ses bras, avec toutes les sortes d'industrie, tout un corps de nation, le Grand Electeur avoit attiré dans ses états des savans distingués dans tous les genres. En même-tems qu'il appelloit dans ses universités les professeurs les plus célèbres des académies de Hollande, du Palatinat et des autres contrées de l'allemagne, les *Graevius*, les *Stryck*, les *Strimesius*, les *van Maastricht*, il attiroit à Berlin des hommes célèbres en tout genre, *Kunkel* pour la chimie, *Beger* et *Spanheim* pour les autiquités, *Rau* et le Jesuite *Philippe Couplet* pour les langues orientales, *Rocoles* et *Leti* pour l'histoire, *Bontekoe* et *Bonnet* pour la médecine, les uns fixés par des postes honorables ou par des pensions, et les autres obtenant de lui des distinctions et des gratifications considérables.

Ce fut ſans doute l'impression qui résulta en Europe de l'accueil que Fréderic Guillaume faisoit aux savans étrangers et de cette protection qu'il accordoit aux lettres dans des circonstances, où à peine il paroissoit pouvoir s'en occuper, qui en 1667 attira ä la cour de l'Electeur l'auteur d'un projet, qui, par les difficultés qu'il rencontroit, devoit demeurer sans exécution, mais qui par sa grandeur avoit du fixer l'attention du grand homme auquel il fut présenté.

Nous devons à l'exactitude laborieuse, et ſi utile à l'histoire du pays, de Monsieur le conseiller privé d'ambassade *Oelrichs*, tous les détails qui ont éte jusqu'ici publiés sur cet objet. Il les a rassemblés dans un mémoire latin imprimé en 1751 et dédié à l'illustre sécretaire de cette Académié.

Monsieur *Oelrichs*, qui dans, l'étude approfondie qu'il commençoit à faire de notre histoire, n'avoit apperçu aucune trace de ce fait, trouva par hazard dans l'histoire métallique de Fréderic Guillaume le Grand, par George Daniel *Seyler*, le diplome de fondation d'une *nouvelle université Brandebourgeoise des nations des sciences et des arts*, *(Novae Universitatis Brandenburgicae gentium, scientiarum et artium)* dont il n'avoit aucune idée et dont aucun des historiens du Brandebourg ne fait la moindre mention.

Cette premiére découverte ne put qu'en amener d'autres, et secondé par Monsieur de *Hertzberg*, Monsieur *Oelrichs* suppléa bientôt ce qui manquoit au récit de *Seyler*. C'est d'après un guide aussi sûr que nous allons présenter ici l'idée géneral du fait, nous réservant de recueillir de plus grands détails dans un mémoire suivant.

On voit donc par les archives que le projet dont il s'agit avoit été conçu par le sénateur du Royaume de Suède *Benoit Skytte*, que *Jean Scheffer* dans son histoire littèraire de la Suede *) qualifie de

*) Schefferi Suecia litterata. Hamb. 1698 p. 140.

Baron de *Duderhof*, et qui, avec quelques autres ouvrages avoit composé une Relation de la Moscovie que *Scheffer* possèdoit en MSS. *Skytte* avoit d'abord communiqué son idée à *Nicolas de Bonnet*, conseiller et premier médecin de l'Electeur, allié du celèbre *Spanheim*, et probablement de la même famille que l'illustre *Charles Bonnet*, associé étranger de cette Académie.

Skytte vouloit que sous le nom *d'université Brandebourgeoise des nations*, *des sciences et des arts* l'Electeur destinât une des villes de ses états, le plus favorablement située pour cet objet, afin d'y réunir, avec des savans de toutes les nations qui voudroient s'y établir, toutes les sortes de facilités que peut demander la culture des sciences. L'Electeur devoit inviter à s'y rendre et a s'établir dans cette ville savante, sans distinction de nation et de religion, tous les hommes savans et vertueux, qui cultivant les belles lettres, s'attachant à l'étude des sciences et des arts libéraux, trouvoient dans leur patrie, et dans le défaut de liberté civile ou religieuse, des obstacles, ou trop peu de secours pour satisfaire leur penchant. En accordant entière liberté de culte public aux trois Religions autorisées dans l'Empire, l'Electeur ouvroit l'asyle de sa ville savante à tout Juif, Arabe ou Mahométan, qui, en demandant de s'y établir, s'engageroit à garder pour lui ses erreurs, à vivre paisiblement et sans chercher à les répandre. L'Uni-

versité

versité devoit avoir sa jurisdiction propre, avec appel au souverain seul, un directeur en chef, un autre pour l'assister, un premier sécretaire plusieurs subalternes, un administrateur, un médecin, un chirurgien, un apothicaire, une imprimerie, un laboratoire de chimie, une bibliothèque, un observatoire, un château pour loger le souverain, un autre édifice pour les étrangers. On offroit, avec des demeures commodes, de grandes exemtions et des salaires particuliers à ceux qui feroient des leçons publiques, non pour l'instruction de la jeunesse, mais pour l'avancement et le progrès des lettres et des sciences et pour l'instruction des savans eux mêmes. On devoit pour cette ville obtenir des puissances étrangères le droit de neutralité en tems de guerre, ainsi que l'exemtion perpétuelle du passage et du logement des troupes. On promettoit des récompenses particulières à ceux qui dans quelque genre que ce fût feroient quelque découverte utile.

On a lieu de croire que Frederic Guillaume goûta beaucoup le projet de *Skytte*. Indépendamment de l'influence que son exécution pouvoit avoir sur les progrès des sciences et des lettres, *Skytte* y avoit fait envisager à l'Electeur, avec la gloire de sa nation, qui par là deviendroit ce que fut autrefois l'Egypte et la Gréce, où les étrangers alloient en foule chercher les lumières et l'instruction, de trés grands avantages politiques. Il assuroit qu'il connoissoit plusieurs familles trés riches qui n'attendoient que le moment de s'établir dans la nouvelle ville savante, et que plus d'un prince seroit disposé à favoriser cet établissement.

L'Electeur entra dans les vues de *Skytte* et promit de les favoriser. Il s'engagea d'abord à fournir, avec les autres facilités demandées, quinze mille Risdalers, somme considérable pour le tems et pour les moyens de l'Electeur. Il fut question du choix de la ville la plus propre à l'établissement. On jetta d'abord les yeux sur Ziesar, à laquelle on préfera cependant Tangermunde, dont la situation au bord de l'Elbe parut plus convenable pour les communications avec l'étranger, et où il restoit encore quelques grands édifices des tems où l'Empereur Charles IV y faisoit sa résidence.

Skytte fut désigné pour être Directeur en chef, et *Bonnet* Sous-Directeur. L'Electeur promit à *Skytte* des pensions, des fiefs vacans, et pour son fils de l'emploi dans la cavallerie.

L'affaire manqua cependant sans qu'on puisse bien décider, de ce qui indépendamment de sa difficulté put y faire renoncer entiérement.

Il paroit qu'elle avoit d'abord rencontré de fortes oppositions de la part de celui que l'Electeur chargea de l'examiner et d'en diriger l'exécution, Monsieur *George de Bonin* conseiller de l'Electeur et doyen du chapitre de Camin. Le témoignage unanime que les historiens rendent aux lumières et au caractère de ce ministre, ne permet pas d'attribuer ses objections à un principe secret d'envie contre *Skytte.* Il avoit représenté d'abord à l'Electeur: que l'entreprise étoit louable et trés glorieuse, mais de trop difficile exécution; que le Cardinal de Richelieu (fait que jusqu'ici je n'ai pu parvenir à vérifier) avoit projetté quelque chose de pareil à Richelieu, et qu'il n'avoit pu y réussir; que les propositions de *Skytte* étoient un peu trop vagues et ses spéculations trop peu digérées; que les circonstances particulières où se trouvoit l'Electeur ne lui permettoient pas de consacrer de si grandes sommes à cet objet; qu'il ne falloit pas compter sur les secours des princes étrangers. et qu'il ne seroit pas même de la dignité de l'Electeur de les solliciter; qu'il falloit que *Skytte* donnât quelqu'assurance de ce qu'il avançoit sur les familles riches disposées à se transporter dans le pays. *Bonin* fut chargé de discuter encor l'affaire avec *Skytte* et *Bonnet,* qui probablement feroient parvenus à la faire passer, si dans le même tems les troubles de l'Europe n'avoient détourné l'attention de l'Electeur sur d'autres objets. La patente de fondation fut cependant minutée par *Bonin*, et signée par l'Electeur en date du 12 Avril 1667. *Bonin* obtint seulement qu'elle ne seroit publiée qu'aprés que *Skytte* auroit donné plus de sureté sur l'article des familles opulentes dont il avoit promis l'établissement. Sans doute qu'il eut de la peine à satisfaire à cette condition, et probablement l'Electeur, que l'enthousiasme de *Skytte* avoit d'abord entrainé, entrevit il lui même ce que l'imagination de *Skytte* avoit su déguiser des difficultés presqu'insurmontables d'une entreprise, sans doute grande en elle même, mais qui demandoit pour être réalisée d'autres tems et des moyens plus efficaces. Fréderic Guillaume, qui d'ailleurs réussissoit si bien dans les grandes choses, eut donc ici, avec le merite du *voluisse* ou de l'intention, auquel la condition humaine réduit si souvent ceux qui conçoivent des projets élevés, le mérite tout aussi réel de la sagesse, que l'éclat et la noblesse du but où elle tend n'empêche pas de calculer les moyens pour n'entreprendre rien au delà de ses forces

Heureux ce grand Prince, si, dans des circonstances où ses vues sublimes étoient si souvent génées et contrariées par le malheur des tems, il eut pû voir, dans les générations suivantes, les germes de puissance, de gloire et de prospérité, qu'il répandoit sur un sol inculte et ravagé, se développer avec cette heureuse fécondité qui a fait le bonheur de nos pères, qui assure aujourd'hui le nôtre, et s'annonce déja pour la postérité la plus reculée.

SECOND MÉMOIRE

LU DANS

L'ASSEMBLÉE ORDINAIRE

DU 15 JUILLET 1790.

Je dégage aujourdhui la promesse, que j'ai faite dans mon Mémoire précédent, de recueillir et de présenter à l'académie quelques détails, sur le projet unique, et dont l'histoire littéraire n'offre aucun exemple, qui, vers le milieu du siècle passé, attira l'attention de l'immortel Electeur Fréderic Guillaume. La communication que notre illuste Curateur a daigné m'accorder des actes relatifs à cette affaire, qui se trouvent dans les archives de l'Etat, m'a donné de nouvelles lumières sur la nature du plan, sa véritable étendue, ainsi que sur les circonstances, qui d'abord le firent adopter, et ensuite en empêchèrent l'exécution.

Je me suis d'abord convaincu pleinement que la dénomination de *ville Latine*, dont on s'est servi quelquefois, pour désigner le grand établissement littéraire dont il s'agit, ne pouvoit lui convenir, que dans le sens où le mot de *Latin* se prenoit autrefois assez généralement. Dans les tems voisins de la renaîssance des lettres, le nom de la langue dans laquelle écrivoient les savans de tous les pays, étoit devenu par une figure assez naturelle le nom de la science même. La dénomination de *pays Latin*, *de gens du pays Latin*, pour désigner l'université et les colléges de Paris (dénomination qui dans l'origine ne réveilloit pas l'idée de pédanterie qu'on y joint aujourdhui) les expressions proverbiales *j'y perds mon Latin*, *c'est du Latin pour moi*, marquent assez que science et latin étoient alors à peu près synonimes. Ce ne seroit donc que dans ce sens que la ville projettée sous Fréderic Guillaume auroit pu recevoir le nom de *ville latine*. On s'en feroit une idée tout à fait fausse si on la confondoit avec celle que l'illustre président de cette académie proposa d'établir, dans un ouvrage sur lequel l'homme, le plus capable de donner du ridicule à ce qui en a le moins, répandit tout le fiel de sa bile enflammée et de ses impitoyables sarcasmes. Le plan de Monsieur de *Maupertais* tendoit uniquement à exécuter en grand, ce que dans plusieurs écrits pédagogiques on a proposé comme une facilité pour apprendre la langue latine uniquement par l'usage. *) „Toutes „les nations conviennent, dit Monsieur de *Mauper-„tuis*, de la nécessité de cultiver une langue, qui, „quoique morte depuis longtems, se trouve encor „aujourdhui la langue de toutes la plus universelle, „mais qu'il faut aller chercher le plus souvent chez „un prêtre ou chez un médecin. Si quelque prince „vouloit, il lui seroit facile de la faire revivre; „il ne faudroit que confiner dans une même ville „tout le latin de son pays, ordonner qu'on n'y „prêchât, qu'on n'y plaidât, qu'on n'y jouât la Co-„medie qu'en latin. Je crois bien que le latin „qu'on y parleroit ne seroit pas celui de la cour „d'Auguste, mais aussi ne seroit ce pas celui des „Polonois. Et la jeunesse, qui viendroit de tous „les pays de l'Europe dans cette ville, y appren-„droit en un mois plus de latin qu'elle n'en ap-„prend en cinq ou six ans dans les Collèges. **)

*) Morhof parle d'un projet d'une pareille ville présenté au Roi de France dans un ouvrage anonyme, et trouve la chose utile et praticable v. Polyh. LII. 9. par 22. conf. *Heumanni Poecile* T, I, p. 97, où l'on voit la même idée proposée par *Lubin* et *Pastorius*.

**) Lettres sur le *progrès des sciences par* 7.

Il ne résulte d'aucun des articles du plan proposé à l'Electeur, que la langue latine dût être la seule parlée ou écrite dans la ville qu'on lui proposoit de consacrer aux sciences et aux arts. On peut même inférer le contraire de l'article, qui invite à s'y établir, avec les savans de l'Europe, ceux des autres parties du monde. C'eut été les exclure que de leur imposer cette loi. Aussi n'est ce que dans la suite, et peut être pour n'avoir pas bien connu le plan dont il s'agit, que la dénomination de ville latine a été ici employée.

L'auteur du projet avoit proposé d'abord celle d'*universitas universitatum hominum et scientiarum praecipuarum*. Dans son Mémoire à l'Electeur, en date du 18 Septembre 1666, il l'appelle *Universal-Universitaet*. On employa dans la patente de fondation le nom de *Nova Universitas Brandenburgica Gentium, Scientiarum et Artium*. L'une des devises qui fut proposée pour le sceau: *Fundatore Friderico Wilhelmo Brandenburgico, nobilis sic orbis in orbe*, annonce une espèce de ville Encyclopédique.

Quoique la réputation de Fréderic Guillaume, et ce qu'il faisoit dans ses Etats, pour y faire renaître et fleurir les sciences et les arts, eut suffi, comme nous l'observions dans le Mémoire précédent, pour attirer à Berlin le Sénateur Suèdois *Skytte* et lui donnée l'espérance de réussir dans le vaste projet qu'il avoit conceu, il paroit par toute la marche de cette affaire que des circonstances particulières avoient pû le déterminer à choisir le Brandebourg pour l'établissement de sa ville savante. Les négociations fréquentes de Fréderic Guillaume avec la Suède, alliée à la maison Electorale par le mariage de Marie Eléonore de Brandebourg, tante de l'Electeur, avec Gustave Adolphe, y avoient fait connoître plus particulièrement le héros de la Marche. *Skytte*, dans le poste distingué qu'il remplissoit dans sa patrie, pouvoit avoir formé des liaisons avec ceux qui y négocioient de la part de l'Electeur. Les relations intimes où il paroit avoir été avec *Nicolas de Bonnet*, conseiller et premier médecin de l'Electeur, auquel il communiqua ses plans avant que de se rendre à Berlin, et dont il se servit surtout pour obtenir accès auprès du Prince, conduisent à cette idée. On voit par le premier mémoire que *Skytte* adressa à l'Electeur, en date du $\frac{18}{28}$ Septembre 1666, et par la lettre à Bonnet jointe aux actes, que ce dernier avoit déja correspondu avec *Skytte* sur l'affaire en question, et que l'Electeur en avoit reçu favorablement les premières ouvertures. *Skytte* en s'adressant au Prince pour lui en témoigner sa reconnoissance prioit son correspondant de l'avertir du lieu où l'Electeur se rendroit à son retour de Clèves, et de lui louer dans son voisinage un logement où il pût être *incognitò*, et conférer encor avec lui avant que d'être présenté à l'Electeur. Cette lettre écrite en Allemand, mais, selon l'usage du tems, toute brochée de passages latins, étoit datée de Zwingeberg, petite ville du Landgraviat de Hesse. *Skytte* s'y représente comme ayant essuyé en Suède des persécutions qui le forcent à s'expatrier, jusqu'au tems où la minorité du roi étant finie il pourra se justifier et triompher de ses ennemis. Il assure n'avoir cherché que le bien du Roi et du Royaume, tandis que ses persécuteurs se sont engraissés au dépens de l'état. *(Fett und grofs gemacht ex publico)*. Il insiste sur le secret dans sa négociation. *Arcano opus est in principio, ne ante maturitatem invidium creet hoc opus aliis.*

Il paroit que l'esprit de tolérance qui caractérisoit Fréderic Guillaume et son gouvernement fut une des principales causes qui engagea *Skytte* à s'adresser à l'Electeur pour l'intéresser à son projet. Fréderic Guillaume fut au dessus de son siècle par cet endroit, autant que par toutes les qualites politiques et militaires, par lesquelles il en fut le héros. Sincèrement attaché à sa religion et à tout ce qui pouvoit en favoriser les progrès, il sut allier la tolérance avec le zèle religieux, qui, dans les plus grandes occasions, le rendit le défenseur de la cause protestante, et l'appui du parti Réformé dont il suivoit les principes. Dans le tems même où il étoit affligé, jusqu'à l'indignation, des persécutions, dont ceux qui professoient avec lui la même foi étoient les objets dans plusieurs des Etats catholiques de l'Allemagne et de l'Europe, il n'usa jamais de la moindre rigueur contre les catholiques établis dans ses provinces, et les laissa jouir paisiblement de tous les droits de citoyens, les admit dans ses armées, où plusieurs, comme le Général *du Hamel*, parvinrent aux premiers grades, et ne les exclut d'aucun des emplois de la cour et de l'état où ils pouvoient servir la patrie. Il s'explique lui même sur sa façon de penser à cet égard dans la lettre qu'il écrivit, en date du 19 Janvier 1686, au Duc de Savoye, que l'exemple et les sollicitatiens de la France avoient engagé à persécuter les Vaudois.

„Votre Altesse Royale, dit il au Duc, suivant „d'autres principes de religion que moi, cette considération, m'auroit peut-être dû empêcher d'implorer sa protection pour les infortunés exposés à la „persécution; mais je me suis dit que j'ai dans mes „états, et surtout en Westphalie, beaucoup de catholiques romains: pour être d'une autre religion que „moi, ils ne sont exclus de rien: je les avance aux „emplois et aux dignités, à l'égal de mes autres sujets. „Pourquoi ne supposerois-je pas à Votre Altesse

„Royale les mêmes principes envers ses sujets „Réformés? *)

De semblables dispositions, que l'Electeur manifestoit dans toute sa conduite, étoient bien favorables aux vues de *Skytte*. Le préambule même de la patente de fondation de la nouvelle université annonce, qu'en devenant un centre de réunion pour les savans de toutes les nations, elle devoit surtout servir d'asyle à ceux qui, dans leur patrie, ne jouissoient pas de la liberté de penser et d'écrire nécessaire aux progrès des lumières. On invite à s'y rendre tout homme de lettres, savant, ou artiste, gêné dans son pays pour les opinions ou le culte; tous *ceux qui las d'un gouvernement tyrannique soupirent après la liberté; ceux que l'ostracisme a bannis de leur patrie; les malheureux qui errent loin de leur terre natale sans avoir mérité d'en être bannis; tous les hommes vertueux de quelque nation, de quelque profession, de quelque croyance qu'ils soyent, pourvû que leur profession et leur croyance n'ayent rien que d'honnête.* On offre à tous la liberté de conscience et la liberté civile, cependant avec la distinction que les loix et la constitution générale de l'Allemagne rendent indispensablement nécessaire. Ainsi l'exercice public n'étoit accordé, avec la liberté de conscience, qu'aux communions aux-

*) Hist. de Réfugiés du Brandebourg, T. VI, p. 212.

quelles la paix de Westphalie l'accordoit, nommément aux Réformés selon la doctrine de Calvin, auxquels on joignoit cependant les Arminiens *(Arminii asseclae)* à ceux qui suivent les dogmes de Luther, à ceux qui professent la religion catholique, aux Grecs et en général à tous ceux qui croyent un Dieu en trois personnes *(Deum trinum* et *unum)* fondant sur le mérite et le sang de Jesus Christ l'espérance de leur salut.

Quant aux Juifs, Arabes, ou autres infidelles qui pourroient vouloir se fixer dans cette nouvelle demeure des sciences, on ne leur en ferme point l'entrée, pourvù qu'ils demandent une permission spéciale de s'y établir, et qu'ils promettent de garder leurs erreurs pour eux, de ne point les répandre et de vivre en citoyens honnêtes et sans donner du scandale.

Je serois tenté de croire qu'il y eut quelque chose de local et de rélatif aux circonstances, où se trouvoit l'Electeur, dans l'exclusion formelle que l'Article VIII. de l'édit de fondation donne aux Sociniens pour la liberté du culte public, et dans la mention si expresse que cet article fait de la croyance des dogmes de la trinité et de la satisfaction, comme d'une condition indispensable pour le libre exercice de religion dans la ville projettée. Monsieur *Hering*, dans son histoire des réformés du Brandebourg s'étonne beaucoup de cette exclusion. Etoit elle naturelle quand on admettoit les Juifs, les Turcs et les Payens? *Les unitaires*, ajoute-t-il, *alors persécutés et errans, et parmi lesquels il y avoit des hommes savans et distingués n'auroient il pas surtout peuplé la ville savante?* *)

Mais n'est ce pas précisément cette circonstance qui put engager l'Electeur et son conseil à insérer cette clause dans l'édit. Fréderic Guillaume forcé par les conjonctures à user des plus grands ménagemens, surtout vis à vis de la Prusse, où sa souveraineté venoit d'être établie, avoit rencontré les plus fortes oppositions au dessein qu'il avoit manifesté de procurer aux Sociniens, chassés de la Pologne, un asyle dans ses états. On avoit peut-être vu de mauvais oeil qu'il eut attaché à son service le fameux *Przipcovius*, qui avoit quitté la Pologne dans le tems des persécutions contre les unitaires, et qui du service du Prince *Radzivil* avoit passé à celui de l'Electeur avec le titre de conseiller. Fréderic Guillaume n'eut pu, sans manquer aux règles d'une sage politique, accorder aux sectateurs de Socin le libre exercice qu'on leur refusoit partout. Ce n'étoit pas dans le fonds les exclure de la nouvelle Fondation. Ils pouvoient du

*) Hering Beyträge, T. II. p. 41.

moins y trouver, ce qu'on ne leur accordoit pas même ailleurs, la tolérance civile, offerte dans l'article IX, aux infidelles, parmi lesquels il eut été peu séant de les nommer, mais dont les droits ne pouvoient certainement leur être refusés. Ce ne fut pas la seule occasion, où des positions épineuses et délicates empêchèrent l'Electeur de suivre ouvertement et sans aucun ménagement la droiture et la noblesse des principes qui dominoient dans son caractère. *Les Princes qui ont peu de forces*, dit l'auteur des Mémoires de Brandebourg, *manquent à leurs engagemens parce qu'ils sont souvent obligés de céder aux circonstances, comme les Princes puissans éludent l'esclavage de leur parole par une volonté libre et indépendante.* *)

Si le projet de *Skytte* dut intéreffer l'Electeur fous ce point de vue de tolérance universelle, si analogue à sa façon de penser, *Skytte* sut encor y présenter d'autres avantages à ce Prince, occupé du double soin d'éclairer sa nation et de réparer les brèches qu'avoient faites aux finances et à la population du Brandebourg, les longs malheurs de la guerre de trente ans.

Quoique Fréderic Guillaume eut un goût général d'instruction et de science, qui, dans la vaste

*) Mém. de Brandebourg Fréd. Guill. p. 189.

étendue des objets de nos connoissances, l'intéressoit à tout, deux objets, qui, dans ce siècle et par des motifs différens, étoient surtout de mode, parurent à *Skytte* être particulièrement propres à faire entrer l'Electeur dans ses vues.

La Chimie, qui n'avoit pas alors avec les objets de finance et d'oeconomie politique, les rapports qu'une étude plus approfondie, et son application aux arts et à la minéralogie lui ont donnés de nos jours, plus liée peut-être qu' aujourdhui à la médecine, attiroit encor par un espoir auquel ceux qui la cultivent ne renoncent peut-être jamais entièrement, et qui ressemble un peu à l'effet que produisent sur l'imagination les gros lots des lotteries, celui de parvenir au grand secret de la transmutation des métaux. Plusieurs des souverains de la Marche s'étoient fortement occupés de cet objet, et sans remonter jusqu'au tems de *Jean l'Alchimiste*, qu'on accuse d'avoir sacrifié à ses goûts la couronne Electorale, le rôle éclattant que joua à la cour de Joachim II le fameux *Thurneiser*, et les facilités qu'il obtint pour ses travaux chimiques, dont notre savant confrère Monsieur *Mochsen* *) a si bien développé les détails et les objets, avoient mis la chimie en honneur à Berlin, où l'exem-

*) Beyträge zur Geschichte der Wissenschaften. Berlin 1783.

l'exemple des états voisins et de la cour impériale encourageoit cette étude. Dans un de ses mémoires *Skytte* s'étend beaucoup sur l'avantage qu'il y auroit d'attirer des médecins et des chimistes habiles, et j'infèrerois d'une note datée, de Hambourg du 7 Mars 1667, qu'il avoit fait briller aussi l'appât séduisant du grand oeuvre. On y parle d'un as de plomb qu'on avoit vu dans cette ville converti en or. Aussi *Skytte* ne manque-t-il pas de placer bien distinctemeet les chimistes parmi ceux qui entrent dans le plan de son Université. Peut-être les Arabes, qu'il proposoit d'inviter nommément à faire corps avec sa savante colonie, ne durent ils cet honneur qu'à la réputation dont ils jouissoient dans cet art. Ce qui est sûr c'est que dans la liste des édifices à élever à l'usage de la nouvelle Université, se trouve, avec une maison pour une apothicairirie, un bâtiment particulier pour un laboratoire chimique *(apotheca et chimicum laboratorium)*. On seroit tenté de croire que *Skytte* espéroit de faire de l'or, quand il promettoit si décidément à l'Electeur que son *université des sciences* lui produiroit seule plus de richesses et de trésors que tous ses Etats réunis.

Un autre objet auquel des principes bien différens pouvoient donner la plus grande importance, aux yeux d'un Prince aussi sincèrement religieux que Fréderic Guillaume, se présente encor dans le plan de *Skytte*. Depuis la réformation la cour de Rome avoit cherché à réparer les pertes qu'elle avoit faites dans ses anciens domaines, en faisant de nouvelles conquêtes chez les nations où le christianisme n'avoit pas encor pénétré, ou qui déja Chrétiennes ne reconnoissoient pas l'autorité du saint siège. Il s'étoit de toutes parts formé des missions et des collèges pour la propagation de la foi, et l'on reprochoit aux protestans leur inaction et leur indifférence. Ils ne voulurent pas sur ce point céder à leurs adversaires et montrer moins de zèle. La petite mission, qui, dans le siècle précédent, étoit sortie de Genève, et dont j'ai eu occasion de parler dans mon Mémoire sur le premier établissement des François en Amerique, tenoit à ces idées. L'Angleterre s'en étoit occupé en grand, et l'on voit par l'exemple du célèbre *Robert Boyle*, l'impression qu'elles faisoient sur les meilleurs esprits. Il fit traduire et imprimer à ses dépens le nouveau testament en langue Malaise et l'envoya dans les Indes orientales. Il donna une grande récompense à celui qui avoit traduit en langue Arabe le traité de la vérité de la religion chrétienne de Grotius, afin de le répandre dans tous les lieux où on parle cette langue: il entra avec chaleur dans tous les desseins de la compagnie des Indes orientales pour la propagation de la foi *).

*) Basn. Hist. des ouvrages des savans. T. VIII, p. 423.

Des quatres classes, qui, d'après le plan de Leibnitz, formèrent la société Royale des sciences, à laquelle cette académie doit son origine, la quatrième avoit pour objet la littérature, et *surtout la littérature orientale, entant qu'elle sert à la propagation de la foi dans les pays infidelles* *). Les encouragemens qu'avoient obtenus les travaux de *Müller* sur la langue chinoise, et les gratifications accordées au Jésuite *Philippe Couplet*, que l'Electeur fit venir à Berlin pour ce même objet, prouvent assez que la partie du plan de *Skytte* qui s'y rapportoit ne dut par être sans intérêt pour Fréderic Guillaume **).

Dù reste *Skytte*, avoit tout l'enthousiasme nécessaire aux faiseurs de projets pour combattre les

*) *Staturs* de l'Academie. Art. II.

**) L'exemple que la France donnoit à cet égard put n'être pas sans influence. Ce que François I avoit ébauché daus la fondation des chaires de langues orientales au collège royal, et pour l'impression des livres arabes, Louis XIII venoit de le perfectionner par l'établissement d'une société typographique, où en 1631, sous la direction et les auspices du cardinal de Richelieu, dixhuit libraires devoient imprimer, pour les distribuer aux missionaires, des nouveaux Testamens et des Catéchismes en langues orientales ainsi que des Grammaires. La Bible Polyglote de *Faye*, qui paru le Juin en 1545, est un beau monument des travaux de cette sorte Monsieur *Eichhorn*, dans un mémoire intéressant, qu'il vient de publier sur les imprimeries orientales de Paris, a rendu à la nation Françoise la justice qu'elle mérite pour cette branche de la littérature qu'elle cultive encor aujourd'hui avec tant de succés. vid. *Eichorn allgemeine Bibliothek biblischer Litteratur.* T. II. p. 3. p. 377.

difficultés que les nouveautés rencontrent toujours. Dans les divers mémoires qu'il présenta à l'Electeur et à ses ministres, il parle dans les termes les plus pompeux de sa ville savante. Par elle le Brandebourg deviendra ce que l'Egypte étoit dans l'orient, Delphes dans la Grèce, et pour les Juifs le temple de Salomon; ce sera l'Athènes moderne, la ville de Solon (*Solonis civitas*). L'Electeur aura la gloire d'être le Salomon Chrétien. Le projet répandu en Europe, en Asie, en Afrique et en Amérique y portera le nom du fondateur. En attestant à l'univers son zèle pour les sciences cette entreprise sera honorable à sa piété que *Skytte* cherche à intéresser par l'idée des grandes dépenses que les souverains catholiques font pour de moindres fondations.

Skytte décrit avec le même enthousiasme les avantages que l'établissement qu'il propose procurera aux finances du pays. Il met en parallèle avec les grandes sommes que l'Electeur a consacrées pour attirer des colons qui n'ont été utiles à l'état que comme simples cultivateurs, le peu qu'il en coûtera pour attirer des hommes versés dans toutes les sciences et dans tous les arts, des personnes opulentes et distinguées avec lesquelles les richesses couleront à grands flots. Sa ville savante devoit être l'école des écoles et des académies, où l'on viendroit de toutes parts se former et se perfectionner. Il met à contribution la mythologie, l'histoire, l'écriture sainte, pour relever la noblesse de son projet, et ce n'est pas toujours le goût qui préside à la composition des tableaux qu'il en fait. On le soupçonneroit même dans l'yvresse de son enthousiasme d'avoir vu quelquefois double; au moins n'ai-je pas bien compris comment, en décrivant le sceau qu'il propose pour son université, il fait de Pallas et de Minerve deux divinités entre lesquelles il place le buste de l'Electeur.

Heureusement Fréderic Guillaume, que de grands projets pouvoient frapper, étoit assez sage pour les peser et les apprécier lui même, et pour les faire examiner par des hommes capables de les juger. Il falloit des têtes plus froides que celle de *Skytte*, pour calculer, avec les avantages de son plan, les dépenses qu'il exigeoit, et surtout les difficultés qui pouvoient en traverser l'exécution.

L'Electeur n'eut pas de peine à les trouver parmi ceux que sa sagesse avoit associés aux soins du gouvernement. Nous ajoutons ici à ce que nous avons dit des objections qu'ils firent à *Skytte*, et de l'issue de toute cette affaire quelques nouvelles observations, que les archives et nos recherches ultérieures nous ont fournies. Elles ne seront pas indifférentes à ceux qui regrettent que le défaut de mémoires et de secours ait laissé dans l'obscurité trop de détails d'un règne auquel les grands traits qui le caractérisent ont donné tant d'éclat.

Monsieur George de *Bonin*, qui fut le premier chargé d'examiner le projet de *Skytte*, étoit digne de la confiance que l'Electeur lui témoigna dans cette occasion. Il avoit fait preuve de capacité et de zèle dans les négociations qui précédèrent la paix de Westphalie, où il avoit été envoyé par le Duc de Croy, Gouverneur de la Poméranie pour l'affaire de Camin. Depuis 1658 il étoit conseiller privé de l'Electeur, place alors équivalente à celle de Ministre d'Etat. Les mémoires qu'il présenta à l'Electeur sur le projet de *Skytte* sont marqués au coin de la raison, et ses argumens devoient naturellement prévaloir, dans l'esprit d'un Prince aussi judicieux que Fréderic Guillaume, sur des promesses brillantes, mais un peu chimériques. Nous en avons donné, des preuves dans notre mémoire précédent. *Bonin* développe surtout en vrai patriote ce que les privilèges demandés par *Skytte* auroient d'onéreux pour le reste des citoyens, et montre que plusieurs des franchises demandées deviendroient pour d'autres des fardeaux, ou seroient des violations de droits acquis. La simplicité de ses déductions contraste singulièrement avec l'éloquence emphatique de *Skytte*, qu'il rappelle sans cesse à une discussion tranquille. *Vous me citez*, dit il, *l'écriture sainte, où un succès infaillible est promis aux grandes entreprises ; mais cette écriture nous dit aussi que celui qui veut bâtir une tour doit s'asseoir et calculer.*

Il paroit que *Skytte* ne s'accommodoit pas de cette façon d'agir peu analogue à la sienne. Dans la première annonce de son projet il prévoit quelqu' opposition. — *Ich weiſs daſs diabolus et diabolicè avari ac proprium bonum praecipue cupientes, allerley Verhindernisse suchen werden.* *). En répondant aux premières difficultés de *Bonnet* il sollicite l'Electeur de décider l'affaire seul, et lui propose l'exemple d'Alexandre le grand pour l'engager à trancher par un acte d'autorité le noeud gordien de toutes les difficultés.

Cette figure de rhétorique ne fut par tout à fait l'épée d'Alexandre. Fréderic Guillaume au lieu de s'y rendre ordonna un examen plus approfondi, et joignit à *Bonin*, pour de nouvelles conférences avec *Skytte*, un homme dont le nom, illustré dans nos fastes par plus d'un relief, sera toujours cher à la patrie, le célèbre *Otton de Schwerin*, qui, par l'étendue de ses lumières, son goût pour les sciences et ses grandes vues dans l'administration intérieure et dans la politique, eut tant d'influence sous le règne le plus glorieux. L'Electeur aban-

*) Lettre à Bonnet du 13/23 Septembre 1666.

donna cette affaire à la décision de ce ministre, auquel il avoit, par une juste confiance, conféré la présidence de tous les départemens de l'état. On voit par les actes que *Schwerin* et *Bonin* furent parfaitement d'accord dans les mesures qu'ils prirent de concert. Frappés également, et des dépenses qu'eut exigé la seule exécution de la première ébauche du plan de *Skytte*, le nombre de directeurs et d'officiers qu'il proposoit de salarier, la diversité des bâtimens publics et particuliers qu'il demandoit, et de l'incertitude assez probable d'un succès tel qu'il le promettoit, ils se réunirent pour proposer à l'Electeur de répandre d'abord le plan, avec diverses modifications qu'ils y apportèrent, et de commencer par l'invitation aux savans et aux étrangers, pour agir ensuite en conséquence de l'effet qu'on en verroit résulter. Fréderic Guillaume signa la patente de fondation, datée du château de Cologne sur la Sprée le $\frac{12}{22}$ Avril 1667. Il autorisa en même tems l'impression d'un circulaire d'invitation minuté en latin par *Bonin*, et dont nous avons trouvé aux archives un exemplaire d'une demi feuille d'impression in 4°. le seul peut-être qui existe. Monsieur *Oelrichs* l'a inséré, avec la patente de fondation dans sa dissertation latine sur le projet de *Skytte*. Nous donnerons la traduction de ces deux pièces à la suite de ces mémoires.

Il paroit que *Skytte* commença à craindre que l'évènement ne répondit pas à son attente et à ses promesses. Quoiqu'il eut annoncé le plus grand désintéressement, en déclarant que la gloire de réussir et de consacrer par là son nom à l'immortalité étoit son unique motif, il avoit stipulé pour lui même et pour sa famille d'assez grands avantages, et vit peut-être avec peine qu'on les fit dépendre de l'effet qui résulteroit de l'éxécution du projet. Il entra sur ce point dans des discussions assez vives avec *Bonin*, qui demeura inébranlable dans l'idée de ne s'engager en aucune dépense avant que d'avoir sondé les dispositions et recueilli les jugemens des étrangers. On voit par quelques notes jointes aux actes que cet avis étoit celui des autres ministres de l'Electeur et de la plus saine partie du public. La répugnance que *Skytte* témoignoit à y entrer retarda sans doute la publication du projet et conduisit à le supprimer entièrement. *Bonin* proposa à l'Electeur de se défaire honnêtement de *Skytte*, en ordonnant à son hôte de continuer à le bien traiter sans demander aucun payement et en lui faisant une gratification. En bon financier il fit remarquer à l'Electeur, qu'une gratification en argent étoit à la verité ce qui convenoit le mieux à *Skytte*, mais qu'il la faudroit un peu trop considérable pour être présentée à un grand Senateur (*ein gros-*

ser Reichsraht) qu'ainsi le meilleur parti seroit peut-être d'assigner une certaine somme, pour acheter des choses rares et curieuses dont on lui feroit un présent, et d'autoriser celui qui auroit la commission d'en faire confidence à *Skytte* qui s'accommoderoit peut-être mieux de la somme assignée. C'est à cette proposition, dont on ne voit pas les suites dans les actes, que finissent les détails d'une affaire, qui, par sa singularité et par son rapport à l'histoire littéraire du pays, nous a paru digne d'être tirée de l'oubli où pendant plus d'un siècle elle avoit été condamnée.

Il conviendroit peu-être mieux à d'autres qu'à moi de remarquer ici que Fréderic Guillaume eut, peu d'années après, occasion d'employer plus utilement pour l'humanité, pour sa gloire et pour le bien de ses peuples les grandes sommes qu'auroit absorbé, peut-être sans beaucoup de fruit, un projet aussi environné de difficultés que séduisant au premier coup d'oeil. L'industrie et les lumières qu'on proposoit à l'immortel Electeur d'appeller dans ses états, vinrent bientôt, du sein des persécutions, se jetter d'elles mêmes entre ses bras paternels, et trouvèrent dans l'heureux asyle qu'il leur ouvrit une protection et des secours, dont les effets heureux subsistent encor après plus d'un siècle et sont aux yeux de la postérité un des plus beaux monumens de sa sagesse et de ses vertus héroïques.

TROISIÈME MÉMOIRE

LU DANS

LA SÉANCE ORDINAIRE

DU 24 MARS 1791.

J'avois dessein, Messieurs, de me borner aux deux lectures académiques où je vous ai entretenu du projet singulier et vraiment unique d'une ville savante, présenté au grand Electeur par le sénateur Suédois *Benoit Skytte*, projet dont ce Prince avoit approuvé les premières idées, mais qu'il trouva sujet à des difficultés qui lui parurent insurmontables et le reléguèrent dans la classe des projets sans exécution.

Notre illustre confrère Monsieur *Garve*, qui assista il y a environ un an à la lecture de mon second Mémoire, m'encouragea à completter mon travail, en ajoutant au tableau que j'avois tracé de la ville savante la traduction des pièces originales qui contiennent les détails du plan. Je suis entré d'autant plus volontiers dans cette idée, que ces détails appartiennent à l'histoire littéraire et philosophique du siècle où le projet fut formé. Ils pourroient d'ailleurs être de quelqu' utilité pour tel plan analogue et du même genre que les circonstances pourroient ramener, dans ce cercle des choses humaines, où, dans la suite des siècles, les mêmes objets reparoissent souvent.

J'ai déja remarqué qu'il n'existe peut-être qu'un seul exemplaire du projet et des règlemens de la ville savante imprimés en 1667. L'affaire étant tombée au moment où ces pièces devoient être répandues dans le public, on peut présumer que le tout fut supprimé et que l'exemplaire qui se trouve dans les archives fut seul conservé. Monsieur le Comte de *Hertzberg*, auquel l'Allemagne et l'Europe doivent l'utile exemple de cette publicité qui rend aujourdhui, plus qu'autrefois accessibles, les vrayes sources de l'histoire, souvent trop mystérieusement, et, comme les sources du Nil, cachées dans la poussière des archives et des greffes, communiqua en 1751 ces pièces à Monsieur le Conseiller privé d'ambassade *Oelrichs*, et fit sortir ainsi de l'obscurité où il étoit demeuré enséveli un fait honorable pour Fréderic Guillaume le Grand, et qui atteste l'intérêt que cet homme immortel prenoit aux progrès des lettres. L'exemplaire imprimé que nous avons sous les yeux, et dont les originaux sont aux actes, contient en langue latine, avec la patente de fondation, le tableau des personnes qui devoient être employées et celui des bâtimens qu'on vouloit y consacrer à des opérations relatives à la culture et aux progrès des sciences.

Il paroit que ce fut Monsieur de *Bonin* qui rédigea le tout, mais sur les mémoires de *Skytte* et en les adoptant en partie. Le tour en est plus latin que celui des lettres du sénateur Suèdois: mais on y retrouve le ton d'enflure et d'exaggération propre à *Skytte* et dont *Bonin* étoit d'ailleurs très éloigné.

Nous allons les donner sous A. B. C. traduites en François et comme pièces justificatives de nos deux mémoires précédens.

A.

Patentes de fondation sous le titre de Fundatio novae Universitatis Brandenburgensis Gentium, Scientiarum et Artium.

Soit notoire au monde Chrétien, que le très sérénissime et très puissant Prince, Fréderic Guillaume, Margrave de Brandebourg, Archichambellan du Saint Empire Romain, et Prince Electeur, Duc de Prusse, Magdebourg, Juliers, Clèves, Bergue, Stettin, de Poméranie, des Cassubes et Vandales, Duc de Silésie, Crossen, Jaegerndorf (Carnoviae), Bourgrave de Nuremberg,

Prince de Halberstadt, Minden et Camin, Comte de la Marche et Ravensberg, Seigneur de Ravenstein, Lauenburg et Butow &c. &c. &c. se propose de fonder une Université ouverte à toutes les nations et à tous les arts: on y invite ceux qui cultivent les belles lettres, les sciences profondes, les beaux arts; ceux qui dans leur patrie pourroient être gênés pour leurs opinions religieuses et dans leur culte, et qui las d'un gouvernement tyrannique soupirent aprés la liberté, ceux que l'ostracisme a bannis de leur patrie, ou qui sont exilés de leur terre natale, sans être coupables de quelque crime, tous ceux dont les lettres, les sciences, et le commerce de ceux qui les cultivent font les délices; enfin tous les hommes vertueux de toutes les nations, quelle que soit leur profession et leur croyance pourvû qu'elles n'ayent rien que d'honnête. Tous trouveront dans cette Université un Parnasse, un Mécene, les sciences et les arts en honneur. Ils y jouiront de la liberté de conscience et de la liberté civile. Elle assurera des consolations aux affligés, un refuge et un azile aux exilés, la société des plus belles ames et des meilleurs esprits, et tous les plaisirs dont est susceptible l'humanité élevée par la culture au dessus du vulgaire. Sa Sérénité Electorale croit devoir par les présentes faire connoitre plus distinctement ses intentions, en faveur des hommes distingués qu'elle voudroit réunir dans cette nouvelle Université ainsi que les avantages qu'elle leur offre.

I.

Sa Sérénité assigne, dédie et consacre à cet établissement un lieu, où tout ce qui est nécessaire à la vie se trouve en abondance, dont la situation est riante et favorable au commerce, et qu'elle destine à être désormais le séjour des Muses, le temple des sciences, l'asyle des vertus et comme la résidence de cette sublime sagesse qui est la Reine du monde (optimae et celsissimae mundi dominatricis sophiae.)

II.

Jusqu'au tems où les édifices publics, dont sa Sérénité Electorale fera les fraix, avec les demeures particulières destinées à ceux qui voudront habiter la ville savante, seront achevés, ceux qui s'y rendront seront logés à leur arrivée dans un chateau voisin qui servira en attendant à leur usage.

III.

Sa Sérenité Electorale fera les arrangemens requis pour procurer au plus bas prix tous les matériaux nécessaires.

IV.

Il sera nommé un intendant des bâtimens (Aedilis), pour veiller à la construction des édifices, et un concierge (custos) pour les garder.

V

Le bois de chauffage sera fourni à bas prix aux particuliers et donné gratis pour les usages et les officiers publics.

VI.

La culture et le progrès des sciences etdes arts étant l'objet et le but de cette nouvelle fondation, sa Sérénité Electorale y entretiendra toujours à ses dépens quelques hommes d'un savoir distingué et versés dans la belle littérature. Elles leur assignera une demeure et un salaire convenable pour des leçons publiques, destinées non à l'instruction de jeunes gens, mais à des esprits déja cultivés et avancés dans l'étude des sciences et des arts. (doctis auribus et optimè cultis animabus)

VII.

Sa Sérénité promet à l'Université des droits, des privilèges et des faveurs nouvelles, qu'elle sera toujours facile à accorder, à mesure que ceux qui s'y établiront pourront être dans le cas de les solliciter.

VIII.

On laissera, avec la liberté de conscience, l'exercice public de leur religion aux différentes communions de l'église Chrétienne, et nommément aux Calvinistes et aux Arminiens, aux Luthériens, aux Catholiques Romains, aux Grecs, et généralement à tous ceux qui croyent un Dieu en trois personnes, et qui fondent l'espérance de leur salut sur le sang et les mérites de Jésus Christ.

IV.

S'il se trouvoit cependant parmi les Juifs, les Arabes et les autres nations infidelles des hommes d'un savoir distingué qui voulussent s'établir dans cette Univer-

sité, on ne leur en ferme point l'entrée, pourvû qu'ils en demandent une permission spéciale et qu'ils s'engagent à garder leurs erreurs pour eux, à ne point les répandre et à vivre en citoyens honnêtes et sans donner aucun scandale.

X.

Ceux qui voudront se fixer dans cette Université et y bâtir des maisons jouiront pendant dix ans de l'exemtion de tout impôt. Ces dix ans écoulés les personnes de condition noble, les gens de lettres, les artistes distingués, tous les rentiers avec leurs familles, leurs immeubles, maisons et jardins jouiront pour toujours des mêmes immunités. Quant à ceux qui s'appliqueront au négoce ou exerceront quelque métier, ils payeront des droits, mais plus modérés que ceux des autres villes.

XI.

Les professeurs, et ceux qui enseigneront les beaux arts, jouiront pour leurs personnes d'une immunité perpétuelle; mais s'ils acquièrent des biens fonds, où s'ils font quelque trafic, ils seront tenus de payer les redevances attachées aux fonds et les péages ordinaires.

XII.

Pour la sûreté de cet asyle des sciences, et pour le mettre à l'abri des troubles qui pourroient s'élever dans le voisinage, Sa Sérénité Electorale obtiendra des souverains voisins un droit perpétuel de neutralité pour ce lieu, afin qu'au milieu des orages et des foudres de la guerre les Muses puissent reposer sûrement à l'ombre du laurier d'Apollon.

XIII

Les troupes de Sa Sérénité Electorale ne pourront en aucun tems prendre leur passage ou leurs quartiers dans cette ville, ni causer aux habitans quelque dommage ou la moindre incommodité.

XIV.

Comme il seroit peu convenable de mettre les Muses habitantes et filles du ciel (Musas coelestes) *dans la dépendance des demi Dieux, et de les soumettre à des divinités rustiques* (et rusticis subdere numinibus) *il sera permis à cette Université de se choisir des bourguemestres* (consules) *ou tels autres magistrats qu'il lui plaira. On lui laisse la liberté de dresser elle même des ordonnances écclesiastiques et civiles, d'exercer la haute et basse justice, le tout sauf le droit de souveraineté territoriale et l'appel à Sa Sérénité Electorale, qui se réserve l'approbation et la confirmation des statuts et des réglemens qui auront été jugés les plus convenables, ainsi que le pouvoir d'établir quelque homme distingué par ses talens, son savoir et sa naissance sous la présidence et la direction duquel toutes les affaires se traiteront.*

XV.

Il sera permis à chacun d'exercer et d'enseigner tel art libéral qu'il lui plaira, sans que personne puisse le gêner ou l'astreindre à quelque droit ou redevance. Ceux qui auront approfondi ou découvert quelque secret de la nature ou de l'art ne pourront être forcés de le publier. Il leur sera libre de le communiquer et d'exiger pour cette communication quelque récompense ou salaire.

XVI.

Ceux qui voudront se joindre à la nouvelle société y seront admis sans payer de péage ou droits d'entrée, et seront également libres de la quitter sans qu'on puisse exiger d'eux aucun droit de ſortie ou de traîte foraine.

XVII

*Cette société portera le nom d'*Université Brandebourgeoise des nations, des sciences et des arts. *Elle aura pour sceau l'image de Sa Sérénité Electorale, assise sur le thrône, portant dans sa main droite le ſceptre, de la gauche un temple avec l'inscription grecque* Σοφια *(la sagesse) et ayant à ses cotés* Pallas *et* Minerve *une branche de laurier à la main. La légende du sceau sera:* Fundatore Friderico Wilhelmo Electore, nobilis sic orbis in orbe.

Pour plus grande foi nous avons écrit les présentes de notre propre main et avons ordonné de les munir de notre sceau Electoral. Donné dans notre château de Cologne sur la Sprée, le 12 Avril 1667.

(L. S.) Fréderic Guillaume,
Electeur.

A la suite des patentes de fondation ſe trouvent deux tableaux dressés et signés par *Skytte*, l'un des officiers publics de l'Université, et l'autre des bâtimens consacrés à son usage. Les détails qu'ils renferment appartiennent au but de cette lecture académique et achèveront de faire connoitre l'étendue et les diverses parties du projet.

B.

Tableau
des Officiers publics de l'Université.

1) *Le premier Directeur, ou Directeur général, doit être un homme de lettres d'une naissance illustre, afin qu'il puisse d'une manière honorable communiquer avec les personnes distinguées et lettrées, soit étrangères, soit établies dans l'université. Il aura l'inspection et l'intendance générale de tout ce qui concerne les membres et les officiers de l'université: il en maintiendra les statuts et les privilèges, ne négligera rien de ce qui peut la conserver, l'accroître et la faire fleurir, y favoriser les progrès des sciences et des arts, y attirer des personnes distinguées et en augmenter les revenus: il aura en sa garde les titres et privilèges, les actes de donation et le sceau de l'université, et signera en son nom dans toutes les affaires concernant ses droits et ses intérêts: il présidera dans les jugemens relatifs à l'université et à ses membres: il tiendra un régistre exact de tout ce qui se traitera dans les*

conférences pour l'avancement et les progrès des sciences, et recueillera pour le transmettre à la postérité le résultat des délibérations sur cet objet. Les noms des patrons et des bienfaiteurs de l'université seront conservés dans un régistre en parchemin, qui sera présenté à tous ceux qui viendront dans la ville savante et qui pourront y inscrire leurs noms: on fera mention dans ce régistre de ce que chacun d'eux aura fait pour l'honneur et l'avantage de la fondation. Le Directeur pourra faire ériger des statues de marbre aux fondateurs, patrons et bienfaiteurs de l'université, ou conserver leur mémoire en les faisant peindre: le même honneur pourra être accordé à ceux qui dans les sciences et les arts auront fait quelque découverte considérable, ou ajouté quelque nouveau degré de perfection à ce qui étoit déja connu, en même tems que leur nom et le souvenir de leurs travaux utiles sera consigné dans un régistre particulier pour immortaliser leur mémoire et servir d'exemple et d'aiguillon aux artistes.

2) *On adjoindra au Directeur général un second Directeur, qui devra être lettré et savant, et qui remplira, dans le cas d'absence ou de maladie, les fonctions du premier Directeur. Ces deux Directeurs agiront de concert dans toutes les affaires relatives au bien de l'université.*

3) *Outre les deux Directeurs l'université aura un Secrétaire, qui, avec le secours d'un ou deux Greffiers* (Scribae) *minutera fera copier et enrégistrer tout ce qui aura trait à la correspondance de l'université avec des*

savans et des artistes distingués, ainsi que le résultat des conférences et délibérations sur les objets de science ou d'art. Il sera en même tems bibliothécaire.

4) *On établira un oeconome ou administrateur général, qui fera en même tems les fonctions de fourrier et de maître des cérémonies. Il aura avec l'inspection des terres de l'université et de leur culture, l'intendance de la cuisine, de la cave, des hospices ou hôtels pour les étrangers, des bâtimens, du chauffage; il veillera au bon état des rues et des chemins, ainsi que sur tous les officiers de l'université. Il fera en même tems les fonctions de trésorier, tiendra les comptes de la recette et de la dépense, qu'il rendra chaque année aux Directeurs, auxquels il doit être soumis ainsi qu'au Secrétaire.*

5) *L'administrateur aura sous lui l'architecte, le sculpteur, le peintre, l'écuyer, le chasseur, le poissonnier, le jardinier, l'échanson, les brasseurs, cuisiniers, porteurs de bois et autres officiers subalternes de l'université, ainsi qu'un sous-caissier,* (subquaestorem) *et en général tous ceux qui dans l'université exercent des professions méchaniques.*

6) *L'Université aura son médecin, son chirurgien et son apothicaire.*

7) *On y établira un musicien et un organiste qui tous les jours, a dix heures du matin et à cinq heures après-midi, joueront sur leur instrument un Pseaume de David à la louange de l'être suprême, auquel, dans cet acte*

solemnel de dévotion, on demandera pour l'illustre fondateur de l'université, et pour tous les Electeurs de la Maison de Brandebourg ses successeurs, uue vie heureuse et un règne fortuné, en même tems qu'on implorera sa bénédiction pour l'université et pour tous ses membres. Tous ceux qui appartiendront à l'université seront tenus d'assister à cet acte religieux, et ne pourront en être dispensés qne par des obstacles relevans. La musique finie chacun fera à voix basse une priere particulière de sept à huit minutes, ou plus s'il le veut. Après quoi chacun se retirera pour prendre son repas ou vaquer à ses occupations ordinaires.

8) *On établira un concierge qui sera en même tems gardien des clefs et portier, et fera régner la propreté dans la maison: il veillera sur les cheminées et les feux.*

9) *Outre ces ministres et officiers publics salariés par l'université, deux de ses membres (ou même plus si les revenus le permettent) qui auront excellé dans quelque science ou art, pourront obtenir, des fonds de l'université, des gratifications qui pourront aussi être accordées à ceux qui auront fait quelque découverte utile; surtout dans les mathématiques, la physique, les langues et les sciences oeconomiques.*

10) *L'université aura son imprimeur.*

C.

Tableau

des bâtimens publics.

1) *Des demeures convenables pour tous les employés désignés dans les tableaux précédens.*

2) *Un hôtel où le fondateur et protecteur de l'université et ses successeurs puissent descendre et demeurer logés aussi commodément que dans leur propre palais.*

3) *Un hôtel pour les princes et étrangers de distinction.*

4) *Un hospice pour les étrangers d'un rang inférieur.*

5) *Une salle destinée au service divin et aux prières communes.*

6) *Une autre salle pour les conférences.*

7) *Une bibliothèque.*

8) *Une imprimerie pour toutes les langues.*

9) *Une apothicairerie.*

10) *Un laboratoire chimique.*

11) *Une maison consacrée aux expériences pour les sciences et les arts.*

12) *Un hopital et une maison pour les orphelins qu'on appliquera aux arts méchaniques.*

13) *Des maisons pour les particuliers, qu'il conviendra de construire de manière qu'elles réunissent à la*

régularité et à la commodité l'avantage d'être moins exposées aux incendies.

14) *Un parc ou ménagerie pour y élever des animaux étrangers de toute espèce.*

15) *Un jardin botanique pour la culture des arbres et des plantes exotiques les plus rares.*

16) *Une maison pour les aquéducs, des viviers, des fontaines, des bains propres et commodes.*

17) *Un bâtiment pour les machines et pompes à feu.*

18) *Si l'on croyoit être dans le cas de fortifier la ville, il y faudroit un arsenal et des magazins pour les vivres.*

19) *Des promenades publiques, des allées d'arbres, des ponts, des portiques, un manège* (hippodromus).

20) *Une chambre de curiosités de tous genres.*

21) *Des maisons pour des fabriques et manufactures.*

Tout cela ne pouvant être exécuté à la fois, le premier plan doit être fait de manière que lorsque par la bénédiction divine l'université se sera accrue tous ces édifices puissent être placés d'une manière commode et régulière. Il faudroit en conséquence, et d'après le tableau précédent, tracer un plan qui en embrasseroit et réuniroit tous les objets, en envoyant sur les lieux un architecte et un dessinateur habile, qui assigneroit à chaque edifice, et à ceux mêmes qu'on ne peut élever d'abord, la place la plus convenable, Après que le tout auroit été soumis à l'approbation de Sa Sérénité Electorale on pourroit faire graver et publier le plan; par là on exciteroit vraisemblablement un concours, à la faveur duquel pourroit s'élever en l'honneur de l'Electeur et de ses successeurs le palais le plus auguste de l'univers, ouvrage sublime de la science, de l'art, des voeux, de l'amour et de la générosité de tous les peuples, et qui seroit comme Potsdam et tout autre lieu de leur demeure une propriété des souverains de la Marche. Seulement ce lieu l'emporteroit sur tous les autres, parceque plus qu'aucun il réuniroit des étrangers et des citoyens distingués dans les sciences et dans les arts, qui sont non seulement le plus bel ornement des cours et des maisons royales, mais encor la gloire et la force des états et des empires. En même tems que cette fondation seroit l'université des universités, elle seroit aussi le palais des palais, ou le palais par excellence, des princes de la maison de Brandebourg, un monument unique et éternel de leur grandeur, et pourroit devenir pour eux une source abondante de richesses, moyennant la bénédiction de celui auquel soit gloire éternellement, en même tems que vie et couronne immortelle à l'Electeur comme fondateur de cette oeuvre divine.

B. Skytte.

www.ingramcontent.com/pod-product-compliance
Ingram Content Group UK Ltd.
Pitfield, Milton Keynes, MK11 3LW, UK
UKHW020959180726
13838UKWH00003B/1392